Bento

Comme les Japonais,

emportez-les pour déjeuner !

Noëmie André

Photographies de Christian Adam

Albums
LAROUSSE

Sommaire

ESPRIT BENTO JAPONAIS

BENTO KAWAÏ

BENTO ZEN

1

2

3

4

Bento par-ci, bento par-là, quelle est donc cette nouvelle mode ?

Bento signifie tout simplement « boîte » en japonais, généralement carrée et divisée en cases. Viande ou poisson, riz et légumes : le bento est un repas tout en un, qui donne lieu à des compositions simples ou très élaborées, toujours avec un souci d'esthétisme. À Tokyo, à tous les coins de rue, vous pouvez acheter un bento à emporter, toujours conditionné avec astuce en version jetable et même parfois avec un système de réchauffage intégré. Pour leurs enfants, les mères japonaises rivalisent d'imagination : boule de riz ponctuée d'une prune salée rappelant le drapeau national, personnages de bande dessinée façonnés dans le riz... le repas doit être ludique.

Réaliser un bento est devenu plus qu'une tradition familiale japonaise, c'est un art qui alimente des concours pour virtuoses réalisant de véritables œuvres d'art. Elle nourrit aussi des centaines de blogs tenus par des jeunes femmes passionnées, qui y montrent jour après jour leur repas quotidien mis en scène. Dans ce livre, voyagez vous aussi au pays du bento : préparez des menus complets, variés, sains, économiques, pratiques... et tellement jolis !

Avant de vous lancer, apprenez à maîtriser les bases (pages 6 à 13) : la cuisson du riz, la préparation des œufs et de sauces d'accompagnement, la découpe du poisson, des fruits et des légumes, l'utilisation des algues... Quelques « trucs » bons à savoir : pour un pique-nique, protégez la nourriture en la plaçant au contact de blocs isothermes. Vous pouvez aussi congeler toute une nuit des petites briques de jus de fruits, puis les placer au contact de la nourriture.

Préparer et apporter son bento, autrement dit sa « gamelle », au bureau ou en pique-nique, est une idée à redécouvrir... et permet de manger sainement et de cuisiner de manière ludique avec les enfants... ou pour l'enfant qui est en vous !

1- BENTO TRADITIONNEL

Les boîtes classiques, généralement en bois laqué, se trouvent principalement dans les magasins de vaisselle des quartiers chinois. Accessoirisez-les avec des petits bols ou des ramequins, et des baguettes.

2- BENTO MODERNE

La « gamelle » ou la simple boîte hermétique fait un retour en force : dans les bazars de quartier, les magasins de bricolage et jusqu'au rayon déco des grands magasins, elle explose de couleurs.

3- BENTO KAWAÏ

Le *kawaï*, c'est tout ce qui est mignon ! Vous trouverez sur Internet de multiples sites de bento et d'accessoires « kawaï », souvent inspirés de personnages de bande dessinée.

4- ACCESSOIRES

Jouez avec les moules à cake en papier ou en silicone, récupérez les couverts et piques des dînettes, dévalisez les confiseries... N'oubliez pas les petits flacons pour la sauce soja !

Cuisson du riz à sushi

POUR 2 PERSONNES
> 1 tasse de riz rond japonais (100 g)
> 1 ½ tasse d'eau (37,5 cl)
> 3 cuill. à soupe de vinaigre de riz à sushi

Dans une casserole à fond épais, versez le riz et l'eau. Portez à ébullition, puis réduisez le feu au minimum et couvrez. Laissez gonfler le riz 15 minutes environ, sans le toucher, jusqu'à ce que toute l'eau soit absorbée.

Étalez-le chaud sur une assiette et assaisonnez-le de vinaigre de riz en l'incorporant délicatement à l'aide d'une spatule en bambou.

Riz coloré

Faites cuire le riz à sushi selon la recette ci-dessus. Diluez 2 cuillerées à café de colorant alimentaire avec 2 cuillerées à soupe d'eau chaude et mélangez-le avec le riz à mi-cuisson ; laissez-le gonfler pendant encore 5 à 7 minutes.

Cuisson du riz basmati

POUR 2 PERSONNES
> 1 tasse de riz basmati (100 g)
> 1 ½ tasse d'eau (soit 37,5 cl)
> 1/2 cuill. à café de sel
> Épices (facultatif) : 2 ou 3 tranches de gingembre frais avec la peau, 6 grains de cardamome, 1 bâton de cannelle

Rincez le riz. Dans une casserole à fond épais, mettez le riz, l'eau et le sel, puis déposez les épices sur le dessus (facultatif). Portez à ébullition, puis réduisez le feu au minimum et couvrez. Laissez gonfler le riz environ 10 minutes, sans le toucher, jusqu'à ce que l'eau soit absorbée. Coupez le feu et laissez le riz 5 minutes de plus. Aérez-le délicatement avec une fourchette.

Riz sauvage

Le riz sauvage est meilleur mélangé à du riz basmati, en quantités égales : faites-le cuire 30 minutes dans de l'eau bouillante salée. Égouttez-le et mélangez-le au riz basmati cuit.

Boules de riz

POUR 6 BOULES DE RIZ ENVIRON

> 1 tasse de riz rond japonais (100 g)
> 1 ½ tasse d'eau (37,5 cl)
> 3 cuill. à soupe de vinaigre de riz à sushi
> Feuilles d'algue, feuille de chou rouge ou vert, omelette fine
> Garniture au choix : saumon, crevette...

Préparez le riz à sushi (voir recette page de gauche).

Préparez un bol d'eau froide pour humecter légèrement les mains. Formez les boules de riz dans le creux de la main. Découpez des rectangles de 15 cm de long sur 3 cm de large dans des feuilles d'algue, dans l'omelette ou dans la feuille de chou. Entourez-en les boules de riz. Pour coller la feuille d'algue, humectez-la légèrement.

Décorez selon vos envies : saumon, crevette, calamar, lanière d'omelette, œufs de poisson, ciboulette, graines germées, algues en poudre, graines de sésame... (voir bento page 16).

Rouleau arc-en-ciel

POUR 2 ROULEAUX

> 100 g de filet de saumon cru
> 100 g de filet de thon cru
> 1 tasse de riz rond japonais (100 g)
> 1 ½ tasse d'eau (37,5 cl)
> 3 cuill. à soupe de vinaigre de riz à sushi
> 1 avocat pas trop mûr

Mettez le poisson au congélateur 30 minutes, enveloppé dans du film alimentaire.

Préparez le riz à sushi (voir page de gauche).

Découpez le poisson bien froid et l'avocat en fines tranches.

Disposez le riz sur du film alimentaire lui-même posé sur une natte à sushi. Modelez-le avec les mains humides pour obtenir un rouleau de 4 cm de diamètre. Disposez sur le dessus les tranches de poisson et d'avocat en les chevauchant comme des écailles. Roulez le tout bien serré.

Mettez au frais jusqu'au moment de servir. Tranchez le rouleau en morceaux (voir bento page 24).

Œufs en couleurs

> Œufs de poule ou de caille
> 2 cuill. à café de colorant alimentaire

Mettez les œufs dans une casserole. Couvrez-les d'eau froide, puis amenez-les à ébullition. Comptez alors 5 minutes d'ébullition pour les œufs de poule et 3 minutes pour les œufs de caille.

Mettez les œufs à refroidir dans de l'eau froide, puis écalez-les.

Remplissez un bol d'eau bouillante puis ajoutez-y 2 cuillerées à café de colorant alimentaire. Plongez-y les œufs et laissez-les au moins 2 heures en les roulant sur eux-mêmes de temps en temps.

Œufs marbrés

> Œufs de poule ou de caille
> 2 sachets de thé anglais ou 10 cl de sauce soja

Mettez les œufs dans une casserole. Couvrez-les d'eau froide, puis amenez-les à ébullition. Comptez alors 5 minutes d'ébullition pour les œufs de poule et 3 minutes pour les œufs de caille.

Lorsqu'ils sont cuits, roulez-les sur une surface dure pour briser la coquille sans la retirer.

Mettez-les dans une casserole. Ajoutez le thé anglais ordinaire (ou la sauce soja) et portez à ébullition.

Laissez refroidir toute une nuit de préférence avant de les écaler.

Omelette fine

> 1 œuf
> 1 cuill. à café de sauce soja (japonaise de préférence)
> 2 pincées de sucre en poudre
> 1 cuill. à café d'huile de sésame

Battez l'œuf en omelette avec la sauce soja et le sucre.

Faites chauffer l'huile dans une poêle antiadhésive puis versez-y l'omelette ; faites-la cuire à petit feu, sans qu'elle se colore et sans la retourner.

Enroulez l'omelette puis découpez-la en lanières.

Vous pouvez aussi replier l'omelette (avant qu'elle soit prise en surface) plusieurs fois sur elle-même, sur une largeur de 4 cm, pour obtenir une « barre ».

Laissez refroidir l'omelette avant de la recouper en tranches (dans ce cas, doublez les quantités).

Frittata

> 1 œuf
> 1 cuill. à café de sauce soja (japonaise de préférence)
> 2 pincées de sucre en poudre
> 1 cuill. à café d'huile de sésame
> Petits légumes cuits ou herbes aromatiques

Battez l'œuf en omelette avec la sauce soja et le sucre.

Faites cuire l'omelette dans une poêle antiadhésive à petit feu, sans qu'elle se colore et sans la retourner.

Répartissez l'omelette dans des petits moules en silicone que vous remplirez aux deux tiers. Si vous utilisez des moules classiques, badigeonnez-les d'huile d'olive.

Répartissez au-dessus des petits légumes cuits al dente (petits pois, asperges, dés de tomates…) ou des herbes aromatiques (basilic, menthe…) et faites cuire au four pendant 10 minutes à 180 °C (therm. 6).

Découpe du poisson

Le poisson destiné à être mangé cru doit être d'une extrême fraîcheur. Spécifiez-le au poissonnier. Transportez-le dans un sac isotherme et consommez-le le jour même.

Pour le saumon, utilisez la partie centrale d'un filet choisi le plus épais possible.

Le thon (albacore de préférence, le thon rouge étant menacé) doit être choisi dans la longe et retaillé en un rectangle régulier.

Pour trancher nettement le poisson, mettez-le 30 minutes au congélateur avant de commencer la recette.

Tartares

Utilisez les chutes obtenues quand vous aurez retaillé la longe de thon ou le filet de saumon pour réaliser les tartares.

Retaillez les chutes en fines lanières, puis en tout petits dés à l'aide d'un couteau bien aiguisé.

Ne hachez jamais les morceaux de poisson au robot qui les transformerait en une bouillie peu appétissante.

Sauce teriyaki

Dans une petite casserole, faites réduire de moitié 10 cl de sauce soja avec 2 cuillerées à soupe de sucre et 10 cl de saké (ou de vin blanc) jusqu'à obtenir un sirop presque caramélisé.

Vinaigrette « carpasushi »

Mélangez 3 cuillerées à soupe d'huile d'olive avec 1 cuillerée d'huile de sésame, 2 cuillerées de sauce soja et 1/2 cuillerée à café de gingembre.

Vinaigrette soja-agrumes

Mélangez 3 cuillerées à soupe de sauce soja (japonaise de préférence), 2 cuillerées de jus de citron vert ou de mandarine et 1/2 cuillerée à café de zeste de citron vert ou de mandarine râpé.

Vinaigrette au sésame

Mélangez 3 cuillerées à soupe de vinaigre de riz, 1 cuillerée à café de sucre et 1/2 cuillerée à café de sel.

Les algues

Les feuilles d'algue entourant les sushis se trouvent dans les magasins exotiques et de plus en plus souvent dans les rayons « produits du monde » des supermarchés.

Les algues déshydratées en poudre ou séchées à réhydrater se trouvent facilement dans les magasins d'aliments naturels.

Matériel

Pour travailler les légumes, la mandoline est idéale : c'est un ustensile pour émincer en julienne (petits bâtonnets) qui se compose le plus souvent d'une planche métallique, d'un jeu de lames tranchantes et d'un poussoir pour protéger les mains. Si vous n'en avez pas, un couteau Économe avec une lame large permet de faire de beaux copeaux.

Pensez aussi au zesteur ou à cet outil à lames parallèles qui permet de couper des lanières parfaites. On les trouve dans les magasins d'ustensiles de cuisine, avec l'incontournable « cuillère parisienne » pour faire les boules de melon.

Pour le reste, un petit couteau aiguisé permet de découper les radis en forme de fleur, en vous inspirant de la photo, ou de sculpter les pieds de champignons à partir de morceaux de radis blanc *(daikon)*.

Bâtonnets

Pour obtenir des bâtonnets de fruits ou de légumes parfaits, utilisez la technique japonaise suivante.

Découpez le radis blanc *(daikon)* ou le concombre (ou d'autres légumes ou fruits) en tronçons de 6 à 8 cm de long.

Avec un couteau large, pelez le légume (ou le fruit) en le déroulant pour obtenir une pelure la plus fine possible.

Retaillez le légume (ou le fruit) en quartiers, empilez ceux-ci et retaillez-les en bâtonnets.

Emporte-pièces

Les emporte-pièces bien coupants et de bonne qualité se trouvent dans les magasins spécialisés, mais en fouillant dans les bazars vous trouverez facilement des modèles fantaisie.

Veillez à bien les faire sécher ou à les huiler pour éviter qu'ils rouillent.

Légumes colorés

> Légumes au choix
> 2 cuill. à café de colorant alimentaire

Pour teindre les légumes, remplissez un bol d'eau froide puis ajoutez-y le colorant alimentaire.

Plongez les légumes dans le bol et laissez-les tremper pendant au moins 2 heures en les retournant de temps en temps.

Poussins et souris

Sur la photo, vous trouverez les éléments composant les poussins et la poule (voir bento page 30) et les souris (voir bento page 38).

Vous pouvez utiliser des grosses carottes ou comme ici de la patate douce. Les ailes, pattes et crêtes sont taillées dans une tranche fine à l'aide d'un petit couteau bien aiguisé.

Pour plus de croquant, gardez les éléments découpés au réfrigérateur dans un bol d'eau froide jusqu'au dernier moment.

Bento Teriyaki

PRÉPARATION : 40 MIN
CUISSON : 15 MIN ENVIRON

POUR 2 BENTO

Pour les brochettes

> 150 g de porc haché (échine ou filet)
> 150 g de blanc de poulet
> 1 aubergine (thaïe de préférence)
> 1 jeune poireau
> 6 champignons de Paris
> 3 cuill. à soupe d'huile de tournesol
> 6 cuill. à soupe de sauce teriyaki

Pour la salade de chou

> 1 quartier de chou blanc (300 g)
> 1 carotte
> 3 cuill. à soupe de vinaigre de riz
> 1 cuill. à café d'huile de sésame
> 1/4 de cuill. à café rase de sel
> 1 cuill. à café rase de sucre en poudre
> 2 cuill. à café de graines de sésame (noir de préférence)

Pour le riz à sushi

> 1 tasse de riz rond japonais (100 g)
> 1 ½ tasse d'eau (37,5 cl)
> 1/2 cuill. à café de sel
> 100 g de petits pois surgelés

Pour l'omelette fine

> 1 œuf
> 1 cuill. à café de sauce soja
> 2 pincées de sucre en poudre
> 1 cuill. à soupe d'huile de sésame

Pour la salade d'algues

> 1 cuill. à soupe d'algues wakamé
> 1 petit concombre
> 3 cuill. à soupe de vinaigre de riz
> 1 cuill. à café d'huile de sésame
> 1 cuill. à soupe de graines de sésame

Préparez les brochettes : façonnez 6 petites boulettes avec le porc haché. Découpez le poulet en cubes de 3 cm de côté environ. Lavez l'aubergine, le poireau et les champignons. Découpez l'aubergine en cubes de 3 cm environ de côté et le poireau en tronçons de 5 cm de long.

Enfilez les boulettes de porc sur des petites brochettes en bambou. Montez les brochettes de poulet en alternant les morceaux de poireau, d'aubergine et les champignons.

Badigeonnez les brochettes d'huile à l'aide d'un pinceau. Faites-les griller au barbecue ou dans une poêle en fonte bien chaude. Retournez-les sur toutes les faces en les enduisant au pinceau avec la sauce teriyaki (voir page 11).

Préparez la salade de chou : découpez finement le chou en lanières sur une planche, à l'aide d'un grand couteau. Lavez la carotte et râpez-la. Mélangez le vinaigre, l'huile, le sel et le sucre. Ajoutez le chou émincé et la carotte râpée puis saupoudrez de graines de sésame, noir de préférence.

Préparez le riz à sushi : versez le riz et l'eau salée dans une casserole ; portez à ébullition, puis réduisez le feu au minimum et couvrez. Laissez gonfler le riz pendant 15 minutes environ. Ajoutez les petits pois au riz après 10 minutes de cuisson.

Préparez l'omelette fine : battez l'œuf en omelette avec la sauce soja et le sucre. Faites cuire l'omelette avec l'huile, dans une poêle antiadhésive, à petit feu, sans qu'elle se colore et sans la retourner. Découpez-la en rubans. Mélangez ceux-ci au riz aux petits pois.

Préparez la salade d'algues : mettez les algues wakamé déshydratées dans un bol d'eau froide puis laissez-les gonfler pendant 15 minutes. Lavez le concombre et émincez-le très finement (en gardant la peau).

Égouttez les algues et épongez-les sur du papier absorbant, émincez-les au couteau. Dans un saladier, mélangez le concombre et les algues. Ajoutez le vinaigre et l'huile. Saupoudrez de graines de sésame (blanc ou noir) et mélangez.

Temari sushi

PRÉPARATION : 40 MIN

CONGÉLATION : 30 MIN

CUISSON : 15 MIN ENVIRON

POUR 2 BENTO

Pour la garniture

> 1 petit pavé de saumon (200 g)
> 2 gambas crues (extra-fraîches ou surgelées)
> 2 cuill. à soupe d'œufs de saumon

Pour le riz à sushi

> 1 tasse de riz à sushi (100 g)
> 1 ½ tasse d'eau (37,5 cl)
> 3 cuill. à soupe de vinaigre de riz à sushi

Pour l'omelette fine

> 1 œuf
> 1 cuill. à café de sauce soja (japonaise de préférence)
> 2 pincées de sucre en poudre
> 1 cuill. à café d'huile de sésame

Pour l'accompagnement

> 1 poignée de graines germées de radis ou de roquette
> 1 radis blanc *(daikon)*
> Vinaigrette ou sauce soja

Mettez le pavé de saumon au congélateur pendant 30 minutes.

Préparez le riz à sushi : dans une casserole à fond épais, versez le riz et l'eau. Portez à ébullition puis réduisez le feu au minimum et couvrez. Laissez gonfler le riz, sans le toucher, jusqu'à ce que toute l'eau soit absorbée, pendant 15 minutes environ. Étalez-le chaud sur une grande assiette et assaisonnez-le de vinaigre de riz à sushi en l'incorporant délicatement à l'aide d'une spatule en bambou. Laissez le riz refroidir.

Façonnez des boules de riz (préparez un bol d'eau froide pour humecter légèrement les mains).

Décortiquez les gambas en laissant les écailles du bout de la queue. À l'aide d'un petit couteau, incisez délicatement le dos et retirez le boyau noir en le tirant délicatement. Fendez les gambas en deux sans les détacher complètement et ouvrez-les en « papillon ». Placez-les sur les boules de riz.

Préparez l'omelette fine : battez l'œuf en omelette avec la sauce soja et le sucre. Faites cuire l'omelette avec l'huile, dans une poêle antiadhésive, à petit feu, sans qu'elle se colore et sans la retourner. Découpez-y des bandes de 3 cm par 15 cm, entourez-en les boules de riz que vous surmonterez d'œufs de saumon.

Découpez des fines tranches de saumon bien froid, de 6 mm environ de large. Recouvrez-en les boules de riz.

Accompagnez ces *temari sushi* (ou boules de riz) de graines germées (graines germées de radis ou de roquette) et d'une salade de radis blanc. N'oubliez pas les dosettes de vinaigrette ou de sauce soja.

Tartares & Cie

PRÉPARATION : 40 MIN

CUISSON : 15 MIN ENVIRON

POUR 2 BENTO

Pour le tartare de thon

> 1 morceau de gingembre de la taille d'une noisette
> 1 tige d'oignon nouveau de 10 cm de long
> 150 g de longe de thon cru extra-frais
> 1 cuill. à soupe d'huile d'olive
> 1 cuill. à café d'huile de sésame
> 1 cuill. à soupe de sauce soja (japonaise de préférence)

Pour le tartare de saumon

> 150 g de pavé de saumon cru extra-frais
> 1 cuill. à soupe de mayonnaise
> 1 cuill. à café d'huile de sésame
> 1 cuill. à soupe de sauce soja, japonaise de préférence
> Piment d'Espelette

Pour les boules de riz

> 1 tasse de riz rond japonais (100 g)
> 1 ½ tasse d'eau (37,5 cl)
> 3 cuill. à soupe de vinaigre de riz à sushi
> Algues en poudre
> Graines de sésame
> Un peu de *ichimi* (condiment japonais à base de sésame et d'orange séchée)

Pour les fagots de concombre

> 1 petit concombre
> 1 feuille d'algue

Préparez le tartare de thon : épluchez le gingembre et râpez-le ; émicez finement la tige d'oignon. Coupez le thon en fines lanières, puis en tout petits dés. Dans un bol, mélangez le thon avec les huiles, la sauce soja, l'oignon émincé et le gingembre râpé.

Préparez le tartare de saumon : coupez le saumon en fines lanières puis en tout petits dés. Dans un bol, mélangez le saumon avec la mayonnaise, l'huile de sésame et la sauce soja. Relevez de piment selon votre goût.

Préparez les boules de riz : dans une casserole à fond épais, versez le riz et l'eau. Portez à ébullition, puis réduisez le feu au minimum et couvrez. Laissez gonfler le riz, sans le toucher, jusqu'à ce que toute l'eau soit absorbée, environ 15 minutes. Étalez-le chaud sur une grande assiette et assaisonnez-le de vinaigre de riz à sushi, en l'incorporant délicatement à l'aide d'une spatule en bambou. Façonnez des boules de riz, puis roulez-les dans des algues en poudre, des graines de sésame ou du condiment japonais.

Préparez les fagots de concombre : lavez le concombre puis découpez-le en bâtonnets (voir page 12). Entourez-les d'une bande d'algue, humectez celle-ci pour la maintenir en place.

Bento Kaiseki

PRÉPARATION : 30 MIN

POUR 2 BENTO
(16 BOUCHÉES)

Pour les bouchées au thon

> 100 g de longe de thon cru
> 4 tranches de radis blanc ou noir *(daikon)*
> 1 cuill. à café de graines de sésame (noir de préférence)

Pour les bouchées de langoustine

> 6 grosses langoustines crues (fraîches ou surgelées)
> 1/4 de petite mangue ferme
> 1 cuill. à soupe d'huile d'olive
> 1 cuill. à soupe de jus de citron vert
> Sel
> Poivre ou piment d'Espelette

Pour les bouchées de saint-jacques

> 4 grosses noix de saint-jacques crues (fraîches ou surgelées)
> 2 cuill. à soupe d'œufs de saumon

Pour les bouchées au crabe

> 100 g de chair de crabe
> 1 cuill. à café de mayonnaise
> 1 cuill. à café de sauce soja
> 1 cuill. à café d'huile de sésame
> 2 feuilles de chou rouge

Pour le décor et l'accompagnement

> Feuilles d'arbre fraîches (érable japonais et Ginkgo biloba, choisissez des espèces non toxiques)
> Sauce soja

Préparez les bouchées au thon : découpez le thon en cubes. Découpez des fleurs à l'emporte-pièce dans les tranches de radis. Déposez-y le thon et parsemez de graines de sésame.

Préparez les bouchées de langoustine : décortiquez les langoustines et retirez le boyau noir. Épluchez le quart de mangue. Coupez les langoustines et la mangue en tout petits dés. Dans un bol, mélangez l'huile d'olive, le jus de citron vert, la mangue et les langoustines, salez et rajoutez du poivre ou du piment selon votre goût. Mélangez et gardez au frais. Au dernier moment, disposez le tartare dans des petites coupelles.

Préparez les bouchées de saint-jacques : lavez les saint-jacques, épongez-les sur du papier absorbant. Déposez-les dans des petites coupelles, surmontez-les d'œufs de saumon.

Préparez les bouchées au crabe : mélangez la chair de crabe avec la mayonnaise, la sauce soja et l'huile de sésame. Découpez des bandes rectangulaires de 3 cm par 15 cm dans les feuilles de chou rouge, enroulez-les en les maintenant avec un cure-dents coupé en deux et garnissez-les avec le mélange au crabe.

Décorez le bento de feuilles d'arbre et servez avec une coupelle de sauce soja.

Soba et porc sauté

PRÉPARATION : 40 MIN

CUISSON : 15 MIN ENVIRON

POUR 2 BENTO

Pour les nouilles soba

> 100 g de nouilles soba (spaghettis au sarrasin)
> 3 cuill. à soupe de sauce soja
> 3 cuill. à soupe de vinaigre de riz
> Quelques graines de sésame noir

Pour le maïs et les asperges

> 100 g de mini-épis de maïs frais (ou en conserve, dans ce cas, pas de cuisson nécessaire)
> 100 g de pointes d'asperges

Pour le porc aux brocolis

> 1 tête de brocoli
> 300 g de poitrine de porc tranchée
> 2 gousses d'ail
> 15 cl d'eau
> 2 cuill. à café rases de fécule de maïs
> 2 cuill. à soupe de sauce soja
> 1 cuill. à café d'huile de sésame
> 1 cuill. à café de sucre en poudre
> 2 cuill. à soupe d'huile de tournesol

Préparez les nouilles soba : faites bouillir de l'eau salée ; jetez-y les nouilles ; quand l'eau bout, baissez le feu pour qu'elle soit juste frémissante et laissez cuire de 7 à 8 minutes. Rincez-les soigneusement dans un saladier, à l'eau froide, pour bien les décoller et les rafraîchir. Égouttez-les et servez-les avec la sauce soja mélangée au vinaigre de riz. Parsemez de graines de sésame noir.

Préparez le maïs et les asperges : faites cuire ces légumes pendant 5 minutes à l'eau bouillante salée. Servir avec la sauce de votre choix : vinaigrette soja-agrumes ou au sésame (voir page 11).

Préparez le porc aux brocolis : séparez les bouquets de brocoli et coupez le porc en morceaux. Épluchez et émincez l'ail.

Dans un bol, mélangez l'eau avec la fécule, la sauce soja, l'huile de sésame et le sucre.

Portez à ébullition une casserole d'eau bouillante salée et faites-y cuire les brocolis 3 minutes environ, ils doivent rester al dente.

Dans une poêle ou un wok, faites chauffer l'huile de tournesol puis faites sauter le porc pendant 5 minutes environ à feu vif, le temps qu'il soit bien doré. Rajoutez l'ail et les brocolis puis le contenu du bol. Faites cuire 2 minutes supplémentaires, en remuant, jusqu'à ce que la sauce épaississe légèrement.

Rouleau arc-en-ciel

PRÉPARATION : 40 MIN
CONGÉLATION : 30 MIN
CUISSON : 15 MIN ENVIRON

POUR 2 BENTO

Pour le rouleau

> 100 g de filet de saumon cru
> 100 g de filet de thon cru
> 1 tasse de riz rond japonais (100 g)
> 1 ½ tasse d'eau (37,5 cl)
> 3 cuill. à soupe de vinaigre de riz à sushi
> 1 avocat (pas trop mûr)

Pour la panna cotta au thé vert

> 2 feuilles de gélatine
> 30 g de sucre en poudre
> 1 cuill. à café rase de thé vert
> 25 cl de crème liquide entière
> Quelques fruits frais (pour le décor)

Pour l'accompagnement

> 1 poignée de roquette

Préparez le rouleau : mettez le poisson au congélateur pendant 30 minutes, enveloppé dans du film alimentaire.

Pendant ce temps, faites cuire le riz à sushi : dans une casserole à fond épais, versez le riz et l'eau. Portez à ébullition, puis réduisez le feu au minimum et couvrez. Laissez gonfler le riz, sans le toucher, jusqu'à ce que toute l'eau soit absorbée, environ 15 minutes. Étalez-le chaud sur une grande assiette et assaisonnez-le de vinaigre de riz à sushi en l'incorporant délicatement à l'aide d'une spatule en bambou.

Découpez le poisson en tranches fines de 5 mm environ. Coupez l'avocat en deux, retirez le noyau et recoupez-le en tranches de 3 mm environ.

Disposez le riz sur un morceau de film alimentaire lui-même posé sur une natte à sushi. Modelez-le avec vos mains humides pour obtenir un rouleau de 4 cm de diamètre.

Disposez sur le dessus les tranches de poisson et d'avocat en diagonale, en les chevauchant comme des écailles (voir photo ci-contre). Roulez le tout bien serré en vous aidant de la natte et du film plastique. Mettez au frais jusqu'au dernier moment.

Tranchez le rouleau en morceaux de 2 cm de large, avec un gros couteau bien aiguisé. Déposez les morceaux de rouleau arc-en-ciel sur un lit de roquette.

Préparez la panna cotta au thé vert : mettez la gélatine à ramollir dans un bol d'eau froide. Mélangez bien le sucre et le thé puis incorporez-y progressivement la crème liquide en remuant au fouet. Dans une petite casserole, faites chauffer le tout sans porter à ébullition. Hors du feu, faites-y fondre la gélatine en remuant soigneusement au fouet. Répartissez le mélange dans les ramequins et laissez prendre au frais. Décorez de fruits frais.

Les deux pandas

PRÉPARATION : 40 MIN

CUISSON : 15 MIN ENVIRON

POUR 2 BENTO

Pour le riz à sushi

> 1 tasse de riz rond japonais (100 g)
> 1 ½ tasse d'eau (37,5 cl)
> 3 cuill. à soupe de vinaigre de riz à sushi

Pour les pandas

> 1 feuille d'algue
> 1/4 de laitue coupée en fines lanières

Pour l'accompagnement

> 1 cœur de laitue
> 1 poignée de graines germées de radis
> 10 mini-épis de maïs
> 10 tomates cerises
> 2 dosettes de vinaigrette

Pour les fleurs

> 6 tranches de radis blanc *(daïkon)*
> 1 petit concombre coupé en bâtonnets

Préparez le riz à sushi : dans une casserole à fond épais, versez le riz et l'eau. Portez à ébullition puis réduisez le feu au minimum et couvrez. Laissez gonfler le riz, sans le toucher, jusqu'à ce que toute l'eau soit absorbée, environ 15 minutes. Étalez-le chaud sur une grande assiette et assaisonnez-le de vinaigre de riz à sushi en l'incorporant délicatement à l'aide d'une spatule en bambou.

Préparez les pandas : quand le riz est froid, façonnez-le en vous inspirant de la photo : une boule allongée pour le corps et une boule ronde pour la tête. Formez les oreilles en pinçant légèrement les deux côtés de la tête avec vos pouces.

Dans la feuille d'algue, découpez des bandes pour la taille puis les yeux, le museau et les oreilles avec des petits ciseaux. Appliquez-les sur les pandas.

Posez les pandas sur un lit de laitue et accompagnez-les de graines germées de radis et de petits légumes (mini-épis de maïs et tomates cerises) ainsi que d'une dosette de vinaigrette.

Préparez les fleurs : découpez des fleurs dans les tranches de radis blanc et les tiges des fleurs dans de fins bâtonnets de concombre, maintenez-les ensemble avec des cure-dents.

Les poissons dans l'eau

PRÉPARATION : 40 MIN

POUR 2 BENTO

Pour les sandwiches

> 4 grandes tranches de pain de mie complet
> 1 boîte de thon au naturel (160 g)
> 3 cuill. à soupe de mayonnaise
> 1 tomate ferme
> 1 petit morceau d'algue
> 1 grain de raisin

Pour le décor et l'accompagnement

> 1 cœur de laitue
> 1 feuille d'algue
> 1 morceau de radis blanc *(daïkon)*
> Quelques lettres décor (fournitures pour pâtisserie)
> 1 dizaine de bâtonnets de surimi

Pour la salade de fruits

> 2 tranches d'ananas
> 1 petite mangue
> 1 petite grappe de raisin
> 15 cl de jus d'orange

Préparez les sandwiches : découpez la silhouette d'un poisson de 5 cm de large par 10 cm de long dans un morceau de carton léger. Avec ce gabarit, découpez avec un petit couteau pointu huit poissons dans le pain de mie complet, en empilant deux tranches à chaque fois. Mélangez le thon égoutté avec la mayonnaise, garnissez les sandwiches avec ce mélange. Découpez des lanières de tomates arrondies pour figurer les rayures des poissons. Faites la bouche du poisson avec de l'algue et l'œil avec un petit morceau de raisin.

Préparez le décor et l'accompagnement : garnissez le fond du bento avec la laitue hachée. Découpez des vagues dans la feuille d'algue avec des ciseaux et déposez-les sur la laitue.

Découpez dans le radis blanc une grande pastille et des petites pastilles (pour former la bulle). Écrivez un message avec les petites lettres décor. Accompagnez de bâtonnets de surimi.

Préparez la salade de fruits : coupez les fruits en dés et mélangez-les au jus d'orange.

HELLO

La poule et ses petits

PRÉPARATION : 30 MIN

CUISSON : 20 MIN ENVIRON

REPOS (POUR LA COLORATION DES ŒUFS) : 2 H

POUR 2 BENTO

Pour les poules et leurs petits

> 2 œufs de poule
> 4 œufs de caille
> 2 cuill. à café de colorant alimentaire jaune
> 1 grosse carotte ou 1 patate douce
> 6 clous de girofle
> 8 grains de riz basmati ou 1 spaghetti noir
> 1 poignée de graines germées de poireau ou de luzerne

Pour la salade de riz au maïs grillé

> 1 tasse de riz rond japonais (100 g)
> 1 ½ tasse d'eau (37,5 cl)
> 3 cuill. à soupe de vinaigre de riz à sushi
> 1 blanc de poulet cuit
> 3 cuill. à soupe de mayonnaise
> Le jus de 1 citron
> 1 poignée de maïs grillé
> Sel

Préparez les poules et leurs petits : mettez les œufs de poule et de caille dans deux casseroles. Couvrez chacune d'eau froide puis portez à ébullition. Comptez alors 5 minutes d'ébullition pour les œufs de poule et 3 minutes pour les œufs de caille. Mettez-les à refroidir dans l'eau froide puis écalez-les.

Remplissez un bol d'eau bouillante puis ajoutez-y 2 cuillerées à café de colorant alimentaire jaune. Plongez-y tous les œufs et laissez-les au moins 2 heures en les roulant sur eux-mêmes de temps en temps.

Découpez de fines tranches de carotte (ou de patate douce) à l'aide d'un petit couteau bien aiguisé pour former la crête, les ailes, la queue et les pattes de la poule et des poussins (voir photo ci-contre). Faites des petites entailles dans les œufs pour les y insérer. Piquez les clous de girofle pour figurer les yeux et des grains de riz sauvage ou de petits bouts de spaghetti noir pour le bec.

Préparez la salade de riz au maïs grillé : dans une casserole à fond épais, versez le riz et l'eau. Portez à ébullition puis réduisez le feu au minimum et couvrez. Laissez gonfler le riz, sans le toucher, jusqu'à ce que toute l'eau soit absorbée, environ 15 minutes. Étalez-le chaud sur une grande assiette et assaisonnez-le de vinaigre de riz à sushi en l'incorporant délicatement à l'aide d'une spatule en bambou.

Coupez le poulet en tout petits dés, mélangez-le au riz froid, à la mayonnaise et au jus de citron, salez. Écrasez le maïs sur une planche avec un rouleau à pâtisserie, parsemez-en le riz.

Déposez les poussins sur un lit de salade de riz au maïs et la poule sur un nid de germes de poireau ou de luzerne (alfalfa).

Bonjour petit chat !

PRÉPARATION : 30 MIN

CUISSON : 15 MIN ENVIRON

POUR 2 BENTO

Pour le riz à sushi

> 1 tasse de riz rond japonais (100 g)
> 1 ½ tasse d'eau (37,5 cl)
> 3 cuill. à soupe de lait de coco

Pour la salade de fruits

> 2 kiwis
> 200 g de fraises
> 1 tranche d'ananas

Pour les têtes de chat

> 2 petits pois
> 1 tranche de carotte
> 2 spaghettis (noirs de préférence)
> 2 pâtes en forme de papillon

Pour l'accompagnement

> 1 poignée de cerises
> 1 lassi aux fraises

Préparez le riz à sushi : dans une casserole à fond épais, versez le riz et l'eau. Portez à ébullition puis réduisez le feu au minimum et couvrez. Laissez gonfler le riz, sans le toucher, jusqu'à ce que toute l'eau soit absorbée, environ 15 minutes. Étalez-le chaud sur une grande assiette et assaisonnez-le de lait de coco en l'incorporant délicatement à l'aide d'une spatule en bambou.

Préparez la salade de fruits : épluchez les kiwis et coupez-les en morceaux. Lavez les fraises et coupez-les également en morceaux. Découpez des cœurs dans la tranche d'ananas à l'aide d'un emporte-pièce.

Préparez les têtes de chat : modelez le riz à sushi froid en forme de tête de chat, formez d'abord une forme ovale puis collez deux petites boules pour les oreilles. Posez-les sur la salade de fruits. Pour figurer le nez, déposez une pastille de carotte et faites les yeux avec des petits pois (vous pouvez aussi utiliser des bonbons). Piquez des morceaux de spaghetti pour la moustache et ajoutez la pâte papillon.

Servez avec les cerises et accompagnez d'un quatre-quarts au thé vert (voir page 48) ou d'un cupcake aux cranberries (voir page 60) et d'un lassi aux fraises (yaourt mixé avec des fraises fraîches) emporté en bouteille.

Love rabbit

Kiri-Kipleure

PRÉPARATION : 30 MIN

CUISSON : 15 MIN ENVIRON

POUR 2 BENTO

Pour le riz à sushi coloré

> 1 tasse de riz rond japonais (100 g)
> 1 ½ tasse d'eau (37,5 cl)
> 2 cuill. à café de colorant jaune
> 3 cuill. à soupe de vinaigre de riz à sushi

Pour les petites têtes

> 2 feuilles d'algues

Pour l'accompagnement

> 1 cœur de laitue
> 6 à 8 bâtonnets de surimi
> 6 à 8 tomates cerises
> 2 ou 3 fraises
> 1 ou 2 kiwis

Préparez le riz à sushi coloré : dans une casserole à fond épais, versez le riz et l'eau. Portez à ébullition puis réduisez le feu au minimum et couvrez. Laissez gonfler le riz, sans le toucher, jusqu'à ce que toute l'eau soit absorbée, pendant environ 15 minutes. Lorsqu'il est à moitié cuit, mélangez-le délicatement avec 2 cuillerées à café de colorant alimentaire jaune diluées dans 2 cuillerées à soupe d'eau chaude, puis finissez de le laisser gonfler. Étalez-le chaud sur une grande assiette et assaisonnez-le de vinaigre de riz à sushi en l'incorporant délicatement à l'aide d'une spatule en bambou.

Préparez les petites têtes : sur une natte en bambou, disposez 1 feuille d'algue. Déposez le riz froid sur la moitié avant de la feuille, sur une épaisseur de 1,5 cm environ. En vous aidant de la natte, enroulez l'algue autour du riz en humectant légèrement la feuille pour la coller. Recoupez 4 tronçons dans le rouleau. Dans la deuxième feuille d'algue, découpez des yeux et une bouche avec des petits ciseaux et appliquez-les sur les rouleaux.

Déposez les petites têtes sur la laitue hachée. Accompagnez de bâtonnets de surimi, de tomates cerises, de fraises et de kiwis en tranches.

Le monstre est sorti !

PRÉPARATION : 30 MIN

CUISSON : 3 MIN ENVIRON

POUR 2 BENTO

Pour les sandwiches

> 4 tranches de pain de mie, complet de préférence
> 3 tranches de jambon
> 3 tranches de mimolette
> 4 olives noires

Pour la salade de chou rouge

> 1 quartier de chou rouge de 300 g
> 2 cuill. à soupe d'huile d'olive
> 1 cuill. à soupe de vinaigre
> 1 yaourt nature (120 g)
> Sel

Pour les œufs de caille aux herbes

> 4 œufs de caille
> 2 cuill. à soupe de persil haché

Pour le décor

> 6 mini-épis de maïs

Préparez les sandwiches : faites deux sandwiches jambon-mimolette. Décorez-les avec des langues et des dents découpés dans le jambon et le fromage. Figurez les yeux avec les olives noires.

Préparez la salade de chou rouge : râpez le chou puis mélangez-le avec l'huile d'olive, le vinaigre et le yaourt nature, salez.

Préparez les œufs de caille aux herbes : mettez les œufs dans une casserole. Couvrez-les d'eau froide puis portez-les à ébullition pendant 3 minutes. Mettez-les à refroidir dans l'eau froide puis écalez-les. Roulez-les dans le persil haché.

Décorez avec les mini-épis de maïs surmontés d'une « tête » (ici des bouchons de petits flacons en plastique). Plantez ces mini-monstres dans la salade de chou rouge.

Les souris dans l'herbe

PRÉPARATION : 30 MIN

POUR 2 BENTO

Pour les souris

> 1 dizaine de gros radis avec leur racine (pour figurer la queue)
> 12 clous de girofle

Pour la sauce

> 1 yaourt à la grecque (150 g)
> 1 cuill. à soupe d'huile d'olive
> Sel

Pour l'accompagnement

> 4 mini-carottes
> 10 brins de ciboulette
> 1 cœur de laitue

Préparez les souris : lavez les radis (n'enlevez pas la racine). Découpez 4 radis en rondelles. Faites 2 petites fentes dans les 6 autres radis et glissez dans chacune 1 rondelle de radis pour figurer les oreilles. Plantez 2 clous de girofle dans chaque radis pour représenter les yeux.

Préparez la sauce : mélangez le yaourt avec l'huile d'olive, salez.

Brossez les mini-carottes sous l'eau. Faites un petit trou en haut de chacune à l'aide d'un petit couteau pointu et insérez-y un petit bouquet de brins de ciboulette de 3 cm de long pour figurer les fanes.

Servez les souris et les carottes sur un lit de laitue accompagnée de la sauce au yaourt.

Complétez ce bento d'un sandwich (voir idées pages 28 ou 36).

Jeu de dominos

PRÉPARATION : 30 MIN

CUISSON : 20 MIN ENVIRON

REPOS (POUR LA COLORATION DE L'ŒUF ET DES RADIS) : 2 H

POUR 10 DOMINOS ENVIRON

Pour le riz à sushi

> 1 tasse de riz rond japonais (100 g)
> 1 ½ tasse d'eau (37,5 cl)
> 3 cuill. à soupe de vinaigre de riz à sushi

Pour l'œuf dur coloré

> 1 œuf de poule ou de caille
> 1 cuill. à café de colorant alimentaire (couleur au choix)

Pour les rondelles de radis colorées

> 1 dizaine de rondelles de radis blanc *(daïkon)*
> 2 cuill. à café de colorant alimentaire (couleur au choix)

Pour le décor des dominos

> 1 asperge cuite
> 1 feuille d'algue

Préparez le riz à sushi : dans une casserole à fond épais, versez le riz et l'eau. Portez à ébullition puis réduisez le feu au minimum et couvrez. Laissez gonfler le riz, sans le toucher, jusqu'à ce que toute l'eau soit absorbée, environ 15 minutes. Étalez-le chaud sur une grande assiette et assaisonnez-le de vinaigre de riz à sushi en l'incorporant délicatement à l'aide d'une spatule en bambou. Tassez le riz dans des petits moules à financiers, en silicone de préférence, et laissez-le bien refroidir avant de démouler.

Préparez l'œuf dur coloré : mettez l'œuf dans une casserole. Couvrez d'eau froide puis portez à ébullition. Comptez alors 5 minutes d'ébullition pour un œuf de poule et 3 minutes pour un œuf de caille. Mettez-le à refroidir dans l'eau froide puis écalez-le. Remplissez un bol d'eau bouillante puis ajoutez-y 1 cuillerée à café de colorant alimentaire de la couleur choisie. Plongez-y l'œuf et laissez-le au moins 2 heures en le roulant sur lui-même de temps en temps.

Préparez les rondelles de radis colorées : remplissez un bol d'eau froide puis ajoutez-y le colorant alimentaire de la couleur désirée. Plongez-y les rondelles de radis blanc pendant 2 heures, en les retournant de temps en temps.

Découpez des ronds, des cœurs, des fleurs ou d'autres formes dans l'œuf dur et dans les rondelles de radis colorés. Coupez des bâtonnets d'asperge et retaillez-les dans l'épaisseur. Disposez ces éléments sur les pavés de riz, en vous inspirant de la photo. Marquez la séparation des dominos avec de fines bandes découpées aux ciseaux dans la feuille d'algue.

Transposez ce jeu de dominos en version sucrée : faites cuire le riz et remplacez le vinaigre par du lait de coco ; décorez les dominos avec des fruits découpés et remplacez l'algue par des fils de réglisse.

Paysage champêtre

PRÉPARATION : 40 MIN

CUISSON : 20 MIN ENVIRON

REPOS (POUR LA COLORATION DE L'ŒUF ET DES RADIS) : 2 H

POUR 2 BENTO

Pour l'œuf dur coloré

> 1 œuf

> 1 cuill. à café de colorant alimentaire jaune

Pour les rondelles de radis colorées

> 1 dizaine de fines tranches de radis blanc *(daïkon)*

> 2 cuill. à café de colorant alimentaire rose, mauve...

Pour le riz à sushi coloré

> 1 tasse de riz rond japonais (100 g)

> 1 ½ tasse d'eau (37,5 cl)

> 2 cuill. à café de colorant bleu

> 3 cuill. à soupe de vinaigre de riz à sushi

Pour le paysage

> 2 feuilles de chou blanc

> 150 g de petits pois frais crus

> Quelques feuilles de menthe

Préparez l'œuf dur coloré : mettez l'œuf dans une casserole. Couvrez d'eau froide puis portez à ébullition. Comptez alors 5 minutes d'ébullition. Mettez-le à refroidir dans l'eau froide puis écalez-le. Remplissez un bol d'eau bouillante puis ajoutez-y 1 cuillerée à café de colorant alimentaire jaune. Plongez-y l'œuf et laissez-le au moins 2 heures en le roulant sur lui-même de temps en temps.

Préparez les rondelles de radis colorées : remplissez un bol d'eau froide puis ajoutez-y le colorant alimentaire de la couleur désirée. Plongez-y les rondelles de radis blanc pendant 2 heures, en les retournant de temps en temps.

Préparez le riz à sushi coloré : dans une casserole à fond épais, versez le riz et l'eau. Portez à ébullition puis réduisez le feu au minimum et couvrez. Laissez gonfler le riz, sans le toucher, jusqu'à ce que toute l'eau soit absorbée, environ 15 minutes. Lorsqu'il est à moitié cuit, mélangez-le délicatement à 2 cuillerées à café de colorant alimentaire bleu diluées dans 2 cuillerées à soupe d'eau chaude, puis finissez de laisser gonfler le riz. Étalez-le chaud sur une grande assiette et assaisonnez-le de vinaigre de riz à sushi en l'incorporant délicatement à l'aide d'une spatule en bambou.

Préparez le paysage : en vous inspirant de la photo, disposez dans le fond du bento une couche de riz coloré en bleu. Découpez les feuilles de chou pour figurer une prairie, posez-les sur le riz et encadrez le tout de petits pois.

Découpez des fleurs et des papillons dans les rondelles de radis colorées avec un petit couteau bien aiguisé ou un stylet.

Découpez des petites feuilles dans les feuilles de menthe, utilisez les tiges pour figurer les tiges des fleurs.

Découpez une rondelle d'œuf dur coloré en jaune pour représenter le soleil puis les rayons dans le reste de l'œuf.

Papillons et champignons

PRÉPARATION : 20 MIN

CUISSON : 8 À 10 MIN

POUR 2 BENTO

Pour les pâtes

> 100 g de farfalles de couleurs (épiceries fines)
> 1 cube de bouillon de poulet
> 1 cuill. à soupe d'huile d'olive

Pour les champignons

> 1 morceau de radis blanc *(daïkon)*
> Tomates cerises

Pour l'omelette roulée au jambon

> 3 œufs
> 1 cuill. à soupe d'huile de tournesol
> 2 tranches de jambon
> Sel

Pour le décor et l'accompagnement

> 1 cœur de laitue
> Quelques brocolis
> 1/2 poivron rouge

Préparez les pâtes : faites-les cuire al dente pendant 8 à 10 minutes dans de l'eau bouillante assaisonnée du cube de bouillon. égouttez les pâtes et mélangez-les avec l'huile d'olive.

Préparez les champignons : taillez le radis blanc pour former les « pieds » des champignons. Coupez les tomates cerise en deux, retirez les graines et piquez-les sur les « pieds ».

Préparez l'omelette roulée au jambon : battez les œufs en omelette, salez-la. Faites cuire doucement l'omelette comme une crêpe dans une poêle antiadhésive avec l'huile. Déposez les tranches de jambon sur l'omelette puis faites-la glisser sur une assiette. Lorsqu'elle est tiède, roulez-la bien serré et coupez-la en tronçons.

Servez sur un lit de salade et accompagnez de brocolis crus. Décorez avec des étoiles découpées dans du poivron rouge cru.

Un amour d'ourson

PRÉPARATION : 30 MIN

REPOS DE LA PÂTE À CRÊPES : 1 H

CUISSON : 15 MIN ENVIRON

POUR 2 BENTO

Pour les crêpes

> 125 g de farine
> 1 pincée de sel
> 2 œufs
> 25 cl de lait
> 25 g de beurre mou
> Garniture de votre choix : cassonade, confiture, pâte à tartiner au chocolat...

Pour le décor

> Quelques bonbons colorés
> Quelques fruits (fraises, framboises, cerises...)
> Tubes de couleur à dessiner rose ou noir (au rayon fournitures pour pâtisserie)

Choisissez un personnage de dessin animé aux formes simples, ours ou panda, dessinez sa silhouette sur un carton fin (ou imprimez-la et reportez-la sur le carton).

Préparez les crêpes : dans un saladier, mettez la farine, le sel et les œufs. Ajoutez le lait progressivement en mélangeant au fouet. Laissez reposer la pâte 1 heure minimum. Faites chauffer une poêle antiadhésive et badigeonnez-la de beurre à l'aide de papier absorbant. Faites cuire une crêpe épaisse (pour le personnage), puis réalisez des crêpes fines.

Garnissez les crêpes fines avec de la cassonade, de la confiture ou de la pâte à tartiner au chocolat. Roulez-les et découpez-les en tronçons. Déposez ceux-ci debout dans les bentos. Décorez avec des bonbons et des fruits.

Découpez le personnage dans la crêpe épaisse, à l'aide d'un petit couteau bien aiguisé. Dessinez les contours et les détails (yeux, bouche, oreilles) avec les tubes de couleur. Déposez le personnage sur les crêpes debout.

Petits-fours kawaï

PRÉPARATION : 30 MIN

REFRIGÉRATION (POUR LA GELÉE) : 3 H

CUISSON : 50 MIN

POUR 2 BENTO

Pour la gelée de menthe

> 2 feuilles de gélatine
> 5 cl de sirop de menthe
> 15 cl d'eau

Pour les boules au lait de coco et aux fruits

> 1 tasse d'eau (25 cl)
> 15 cl de lait de coco
> 2 cuill. à soupe de sucre en poudre
> 1 tasse de riz rond japonais à sushi (100 g)
> Des fruits de saison : fraises, kiwis...

Pour le quatre-quarts au thé vert

> 250 g de farine
> 20 g de thé vert matcha
> 1/2 sachet de levure chimique (soit 5,5 g environ)
> 250 g de beurre mou
> 250 g de sucre en poudre
> 4 œufs
> Beurre et farine pour les moules (si vous n'utilisez pas un moule antiadhésif ou en silicone)

Pour l'accompagnement

> 1 bonne poignée de cerises

Préparez la gelée de menthe : mettez la gélatine à ramollir 10 minutes dans un bol d'eau froide. Dans une petite casserole, mélangez le sirop de menthe et 15 cl d'eau, portez presque à ébullition, puis incorporez, hors du feu, la gélatine en remuant pour bien la dissoudre. Rincez les moules en silicone avec de l'eau, égouttez-les sans les essuyer. Versez le mélange dans les moules et laissez prendre au moins 3 heures au frais.

Préparez les boules au lait de coco et aux fruits : mélangez l'eau avec le lait de coco et le sucre. Dans une casserole à fond épais, versez le riz et le mélange lait-sucre-eau. Portez à ébullition puis réduisez le feu au minimum et couvrez. Laissez gonfler le riz, sans le toucher, jusqu'à ce que toute l'eau soit absorbée, environ 15 minutes. Étalez-le chaud sur une grande assiette. Laissez refroidir.

Façonnez des boules, dans le creux des mains humidifiées, avec le riz froid, et disposez-les dans des petites caissettes en papier. Découpez des pétales dans les fruits (fraises, kiwis...) et décorez-en les boules de riz.

Préparez le quatre-quarts au thé vert : préchauffez le four à 180 °C (therm. 6).Tamisez la farine avec le thé et la levure. Mélangez au mixeur le beurre avec le sucre. Ajoutez les œufs puis le mélange tamisé (farine-thé-levure). Battez pour obtenir un mélange bien lisse. Beurrez et farinez le moule puis versez-y le mélange. Faites cuire 50 minutes environ ; le quatre-quarts est cuit quand la lame d'un couteau en ressort sèche. Découpez des formes dans le quatre-quarts à l'emporte-pièce.

Accompagnez cette composition de cerises.

Mon beau sapin

PRÉPARATION : 30 MIN

POUR 2 BENTO

> 4 feuilles d'algue
> 5 kiwis
> 1/2 mangue ferme
> 2 grosses fraises
> 1 petit melon
> 1 tube de couleur à dessiner pailleté (fournitures pour pâtisserie)
> Quelques billes de sucre

Découpez les algues avec des ciseaux pour recouvrir le fond des bentos.

Épluchez 3 kiwis et coupez-les en rondelles. Retaillez chaque rondelle en trois. Superposez les tranches de kiwi comme des écailles pour représenter le sapin. Découpez le tronc du sapin dans 1 kiwi non épluché.

Épluchez le dernier kiwi et la demi-mangue, lavez les fraises. Découpez l'étoile et des cadeaux dans les fraises, les kiwis et la mangue, en vous inspirant de la photo. Décorez-les avec des petites bandes découpées dans les chutes d'algue.

Faites des boules dans le melon avec une cuillère parisienne et déposez-les au pied du sapin.

Dessinez les boules du sapin avec le tube pailleté et parsemez de billes de sucre pour simuler la neige.

Pique-nique libanais

PRÉPARATION : 30 MIN

MARINADE : 1 H

CUISSON : 30 MIN ENVIRON

POUR 2 BENTO

Pour les brochettes de poulet

> 3 gousses d'ail
> Le jus de 1 citron
> 2 cuill. à soupe d'huile d'olive
> 300 g de blanc de poulet

Pour la salade d'épinards et de radis

> 100 g de jeunes pousses d'épinards
> 10 radis
> 2 cuill. à soupe d'huile d'olive
> Le jus de 1/2 citron
> Sel

Pour la salade de riz

> 100 g de riz basmati
> 50 g de riz sauvage
> 30 g d'amandes effilées
> 30 g de raisins blonds secs
> 2 cuill. à soupe d'huile d'olive
> Le jus de 1 citron
> Cumin (facultatif)
> Sel et poivre du moulin

Préparez les brochettes de poulet : épluchez l'ail et faites-le bouillir 2 minutes dans une petite casserole d'eau. Mixez le jus du citron, l'huile d'olive et l'ail. Découpez le blanc de poulet en cubes de 3 cm de côté et mettez-le à mariner avec la sauce dans un bol pendant 1 heure.

Enfilez les cubes de poulet sur des brochettes en bambou et faites-les griller au barbecue ou à la poêle en les retournant pour les colorer sur toutes les faces.

Préparez la salade d'épinards et de radis : triez, lavez et essorez les épinards. Lavez et équeutez les radis, coupez-les en rondelles et mélangez-les avec l'huile d'olive et le jus de citron, salez.

Préparez la salade de riz : rincez le riz basmati puis le riz sauvage à l'eau froide jusqu'à ce que l'eau s'écoule claire. Dans une casserole à fond épais, mettez le riz basmati avec du sel et 1 ½ tasse d'eau (soit 37,5 cl). Portez à ébullition puis réduisez le feu au minimum et couvrez. Laissez gonfler le riz, sans le toucher, jusqu'à ce que toute l'eau soit absorbée, environ 10 minutes (des petits cratères se forment). Coupez le feu et laissez le riz 5 minutes de plus avant de l'aérer délicatement avec une fourchette. Dans une autre casserole, mettez le riz sauvage à cuire dans de l'eau bouillante salée. Laissez cuire à petits bouillons, jusqu'à ce que les grains explosent. Égouttez-le et mélangez-le au riz basmati cuit.

Dans une poêle, faites revenir les amandes et les raisins dans l'huile d'olive, ajoutez le jus de citron et mélangez le contenu de la poêle au riz, salez et poivrez, rajoutez éventuellement de cumin.

Le thon est dans le pré

PRÉPARATION : 30 MIN

CUISSON : 30 MIN ENVIRON

POUR 2 BENTO

Pour le thon et la patate douce

> 1 petit morceau de gingembre frais
> 300 g de pavé de thon albacore
> 2 cuill. à soupe de sauce soja (japonaise de préférence)
> 1 patate douce de taille moyenne
> 25 g de beurre
> 1 cuill. à soupe de miel
> 4 cuill. à soupe de graines de sésame blanc
> 2 cuill. à soupe d'huile d'olive

Pour la salade de riz aux lentilles

> 50 g de riz basmati
> 50 g de riz sauvage
> 50 g de lentilles vertes
> 4 cuill. à soupe d'huile d'olive
> Le jus de 1 citron
> 1 cuill. à café de condiments indiens au citron vert « Lime pickle »
> 1 petit oignon
> Poivre du moulin

Pour les brochettes

> 8 mini-boules de mozzarella
> Quelques gros grains de raisin
> 4 abricots

Préparez le thon et la patate douce : épluchez et râpez le gingembre. Coupez le thon en cubes de 3 cm de côté. Mettez-le à mariner avec le gingembre râpé et la sauce soja. Épluchez la patate douce, coupez-la en cubes puis faites-la cuire 5 minutes à l'eau bouillante salée. Faites-la ensuite dorer 5 minutes à la poêle avec le beurre et le miel. Gardez au chaud. Essuyez la poêle et remettez-la sur le feu. Trempez les cubes de thon dans les graines de sésame et faites-les dorer dans l'huile d'olive sur toutes les faces.

Préparez la salade de riz aux lentilles : rincez le riz basmati puis le riz sauvage à l'eau froide jusqu'à ce que l'eau s'écoule claire. Dans une casserole à fond épais, mettez le riz basmati avec du sel et 1 tasse d'eau (soit 25 cl). Portez à ébullition puis réduisez le feu au minimum et couvrez. Laissez gonfler le riz, sans le toucher, jusqu'à ce que toute l'eau soit absorbée, environ 10 minutes (des petits cratères se forment). Coupez le feu et laissez le riz 5 minutes de plus avant de l'aérer délicatement avec une fourchette. Dans une autre casserole, mettez le riz sauvage à cuire dans de l'eau bouillante salée. Laissez cuire à petits bouillons, jusqu'à ce que les grains explosent. Égouttez-le et mélangez-le au riz basmati cuit.

Faites cuire les lentilles 15 minutes à l'eau bouillante salée. Dans un petit bol, mélangez 3 cuillerées à soupe d'huile avec le jus de citron et le pickle. Épluchez l'oignon et coupez-le finement en rondelles. Faites-le dorer à la poêle dans l'huile d'olive restante. Mélangez les deux riz avec les lentilles et la sauce, parsemez d'oignons dorés et poivrez.

Préparez les brochettes : enfilez sur des brochettes en bambou des mini-boules de mozzarella, des gros grains de raisin et des abricots frais coupés en quartiers.

Bento sandwich

PRÉPARATION : 30 MIN, SUR 2 JOURS

CUISSON : 5 MIN

REPOS (POUR LES ŒUFS MARBRÉS) : 12 H

POUR 2 BENTO

Pour les œufs marbrés

> 2 œufs
> 2 sachets de thé anglais ou 10 cl de sauce soja

Pour les sandwiches

> 200 g de carottes
> Le jus de 1 citron
> 2 cuill. à soupe d'huile d'olive
> 2 pincées de cumin en poudre
> 6 tranches de pain de mie complet
> 100 g de houmous
> Sel

Pour le décor et l'accompagnement

> Quelques feuilles de salade feuille de chêne
> 50 g de petits pois ou de fèves fraîches (en saison)
> 1 dizaine de feuilles de menthe

Pour les pétales de fraises au citron

> 8 grosses fraises
> 1 citron

La veille, préparez des œufs durs marbrés : mettez les œufs dans une casserole, couvrez-les d'eau froide puis portez à ébullition. Faites cuire pendant 5 minutes. Roulez-les sur une surface dure pour briser la coquille, sans la retirer. Mettez les œufs dans une casserole avec 2 sachets de thé anglais (ou la sauce soja) et portez à ébullition. Laissez refroidir toute une nuit.

Le lendemain, préparez les sandwiches : épluchez et râpez les carottes. Dans un saladier, mélangez-les avec le jus de citron, l'huile d'olive et le cumin, salez. Hachez-la grossièrement au couteau et ajoutez-la aux carottes.

Montez 2 sandwiches en alternant : pain, houmous, pain, carottes et pain. Recoupez les tranches de pain et taillez le sandwich en quatre morceaux. Maintenez chaque morceau par une pique de bambou.

Servez le sandwich sur un lit de salade, avec les œufs durs marbrés coupés en quatre. Faites cuire les petits pois ou les fèves pendant 1 minute seulement à l'eau bouillante salée et parsemez-en la salade. Lavez la menthe et parsemez les feuilles sur les petits pois ou les fèves.

Préparez les pétales de fraises au citron : rincez et épongez les fraises. Équeutez-les et coupez-les en quatre ou cinq lamelles dans l'épaisseur. Disposez-les en rosace dans des petits bols, découpez un demi-citron en fines tranches pour le décor et pressez le jus de l'autre moitié de citron au-dessus des fraises.

Bento suédois

PRÉPARATION : 30 MIN

CUISSON : 15 MIN ENVIRON

POUR 2 BENTO

Pour la salade de pommes de terre et de saumon

> 1 jeune oignon
> 300 g de pommes de terre nouvelles (rouges de préférence)
> 150 g de dés de saumon fumé
> 2 cuill. à soupe de mayonnaise
> 2 cuill. à soupe de yaourt nature
> 1 cuill. à café de moutarde à l'ancienne
> Sel et poivre du moulin

Pour le yaourt à la pomme verte et betterave

> 1 petite pomme verte
> 1 petite betterave (crue de préférence)
> 15 cl de yaourt à la grecque
> 1 cuill. à soupe d'huile d'olive
> Sel

Pour le décor et l'accompagnement

> 1 poignée de germes de luzerne (alfalfa) ou mélange de plusieurs graines
> 6 radis roses
> 1 pomme verte

Préparez la salade de pommes de terre et de saumon : émincez finement l'oignon en rondelles. Lavez les pommes de terre sans les éplucher. Faites-les cuire à l'eau bouillante salée pendant 15 minutes environ jusqu'à ce qu'elles soient tendres. Coupez-les en gros dés. Mélangez les pommes de terre et les dés de saumon avec la mayonnaise, le yaourt, la moutarde et les oignons émincés. Salez si nécessaire (le saumon est déjà salé) et poivrez.

Préparez le yaourt à la pomme verte et betterave : lavez la pomme et retirez-en, sans l'éplucher, le cœur. Taillez-la en petits bâtonnets. Épluchez la betterave et taillez-la également en petits bâtonnets en gardant les chutes. Mixez le yaourt avec les chutes de betterave. Mélangez-le avec les bâtonnets de pomme et de betterave. Salez et ajoutez un filet d'huile d'olive.

Agrémentez de germes de luzerne (alfalfa) ou d'un mélange de plusieurs graines, ainsi que de radis et de quartiers de pomme.

お茶

Bento Mexico !

PRÉPARATION : 40 MIN
CUISSON : 15 À 20 MIN

POUR 2 BENTO

Pour les tortillas

> 3 œufs
> 1 cuill. à soupe d'huile d'olive
> 1/2 poivron rouge
> 1 avocat un peu ferme
> Le jus de 1 citron vert
> 2 tortillas de maïs ou de blé
> 1 yaourt à la grecque (150 g)
> Sel et poivre du moulin

Pour la salsa

> 10 tomates cerises
> 1 jeune oignon
> 1 dizaine de brins de coriandre
> 2 cuill.à soupe d'huile d'olive
> Sel et poivre du moulin

Pour les cupcakes aux cranberries

> 125 g de beurre mou
> 100 g de sucre en poudre
> 3 œufs
> 10 cl de lait
> 170 g de farine
> 2 pincées de sel
> 1 cuill. à café de levure chimique
> 50 g de cranberries séchées (airelles)

Préparez les tortillas : battez les œufs en omelette, salez et poivrez. Faites cuire celle-ci 3 minutes dans une poêle antiadhésive avec l'huile d'olive. Enroulez l'omelette et découpez-la en lanières.

Lavez le demi-poivron, retirez les graines et les parties blanches et découpez-le en lanières. Épluchez l'avocat et coupez-le en tranches, arrosez-le de jus de citron vert. Tartinez les tortillas avec le yaourt et garnissez-les avec l'omelette, le poivron et l'avocat, roulez-les en forme de cornet.

Préparez la salsa : coupez les tomates cerises en quatre. Émincez l'oignon. Rincez la coriandre, épongez-la et hachez-la au couteau. Mélangez les tomates, l'oignon émincé, la coriandre hachée et l'huile d'olive. Salez et poivrez.

Préparez les cupcakes aux cranberries : préchauffez le four à 150 °C (therm. 5). Dans le bol d'un mixeur, fouettez le beurre avec le sucre jusqu'à ce que le mélange soit crémeux. Ajoutez les œufs, un par un, puis le lait et la farine tamisée avec le sel et la levure. Mélangez délicatement les cranberries. Placez des petits moules en papier dans des moules à muffins et remplissez-les de pâte aux trois-quarts. Faites cuire de 15 à 20 minutes.

Un air de Méditerranée

PRÉPARATION : 25 MIN

CUISSON : 5 MIN ENVIRON

POUR 2 BENTO

Pour les tortillas

> 10 tomates séchées

> 1 dizaine de feuilles de basilic

> 2 tortillas (de préférence saveur « salsa »)

> 150 g de chèvre frais

Pour les frittatas

> 1 œuf

> 1 cuill. à café de sauce soja (japonaise de préférence)

> 2 pincées de sucre en poudre

> 1 cuill. à café d'huile de sésame

> 6 à 10 têtes d'asperges vertes cuites al dente

Pour la panna cotta aux fraises

> 150 g de fraises

> 1 ½ feuille de gélatine

> 20 cl de crème liquide entière

> 25 g de sucre en poudre

Préparez les tortillas : égouttez les tomates séchées et coupez-les en petits morceaux. Lavez, effeuillez et épongez le basilic, hachez-le au couteau. Tartinez les tortillas de chèvre frais, parsemez-les de basilic et ajoutez les morceaux de tomates puis roulez-les bien serrées. Découpez-les en tronçons de 4 cm de long environ.

Préparez les frittatas : battez l'œuf en omelette avec la sauce soja et le sucre. Faites cuire l'omelette avec l'huile, dans une poêle antiadhésive, à petit feu, sans qu'elle se colore et sans la retourner. Répartissez l'omelette dans des petits moules en silicone (remplissez-les aux 2/3). Répartissez par-dessus les têtes des asperges cuites al dente.

Préparez la panna cotta aux fraises : rincez les fraises rapidement et équeutez-les Mettez-en deux belles de côté pour le décor. Coupez en morceaux les autres fraises et mixez-les. Mettez la gélatine à ramollir dans un bol d'eau froide. Dans une petite casserole, faites chauffer la crème liquide avec le sucre sans porter à ébullition. Hors du feu, faites-y fondre la gélatine en remuant bien avec un fouet. Mélangez le coulis de fraises à la crème et versez dans deux ramequins. Laissez prendre au frais. Décorez avec une fraise.

TABLE DES ÉQUIVALENCES FRANCE-CANADA

POIDS

55 g	2 onces	200 g	7 onces	500 g	18 onces
100 g	3,5 onces	250 g	9 onces	750 g	27 onces
150 g	5 onces	300 g	11 onces	1 kg	36 onces

Ces équivalences permettent de calculer le poids, à quelques grammes près (en réalité, 1 once = 28 g).

CAPACITÉS

25 cl	9 onces	75 cl	26 onces
50 cl	17 onces	1 l	35 onces

Pour faciliter la mesure des capacités, 25 cl équivalent ici à 9 onces (en réalité, 23 cl = 8 onces = 1 tasse).

Auteur et stylisme des recettes Noëmie ANDRÉ
Crédits photographiques Christian ADAM

Direction éditoriale Véronique DE FINANCE-CORDONNIER
Édition Mathilde PITON
Direction artistique Emmanuel CHASPOUL
Mise en page Martine DEBRAIS
Lecture-correction Chantal PAGÈS et Joëlle NARJOLLET
Couverture Véronique LAPORTE
Fabrication Annie BOTREL

L'auteur remercie KAWA, 89/97 rue de Choisy 75013 Paris (bento traditionnels), CORNERSHOP, 3 rue St Paul 75004 Paris (bento à fleur), MUJI www.muji.fr (bento inox), www.bentoandco.com, BHV, Galeries Lafayette, Castorama, HABITAT (moules en silicone).

L'éditeur remercie pour son aide efficace Magali Marquet.

ISBN 978-2-03-584973-1

Photogravure Turquoise, Émerainville
Imprimé en Espagne par Gràficas, Estella
Dépôt légal : septembre 2009 – 303439/01 – 11009307 août 2009